# Orange

Daniela Gräfin von Pfeil

Mit Illustrationen von
Linda Wolfsgruber

mandelbaums *kleine gourmandisen*
N° 33

www.mandelbaum.at
www.mandelbaum.de
ISBN 978-3-85476-875-3

2. Auflage 2023
Lektorat: Inge Fasan
Satz und Umschlaggestaltung: Michael Baiculescu
Illustrationen: Linda Wolfsgruber
Druck: Interpress, Budapest

## DAMALS – KINDHEITSERINNERUNGEN

Erinnern Sie sich noch an Ihre erste Orange? Als ich klein war, gab es Apfelsinen, wie meine Großmama sie nannte, nur im Winter. Anfang Dezember kam eine riesengroße, schwere Holzkiste per Frachtpost aus Sizilien ins Haus, bis obenhin gefüllt mit in hauchdünne, raschelnde, bunt bedruckte Papiere gewickelten Orangen, Zitronen und Mandarinen. Die Kiste verströmte einen intensiven, herrlich frischen Duft, den es so nur zur Weihnachtszeit gab und der für mich mit zu den wichtigsten Kindheitserinnerungen gehört. Die sonnenverwöhnten Südfrüchte wurden bei uns im kalten Norden nur sparsam verwendet, was ihren besonderen Reiz noch zusätzlich unterstrich. Wie mühsam es war, sie zu schälen, ohne eine allzu große Sauerei dabei anzustellen, ohne klebrige Finger und im Auge brennende Spritzer, von Flecken auf der Tischdecke ganz zu schweigen.

Wettbewerbe unter uns Kindern gab es beim Nachtisch. Beliebt war das Orangenorakel. Es galt zu raten, wie viele Schnitze wohl in der ganzen ungeschälten Frucht stecken. Zutiefst bewunderten wir den Großpapa, der beim Schätzen immer richtig lag. Seinen Trick, heimlich den Stielansatz an der Orange zu entfernen und die darunterliegenden Noppen zu zählen, kannten wir damals natürlich noch nicht. Unter dem Stielansatz liegen ringförmig aneinandergereiht zwischen neun und vierzehn kleine Noppen. Jede davon ist die Spitze eines Fruchtsegments. So leicht geht es, die Zahl der Orangenschnitze zu prophezeien. Wir wetteiferten auch darum, wer es wohl schafft, die Orange in einer langen Spirale zu schälen, ohne dass sie abreißt. Und schließlich durfte man sie sogar mit den Fingern essen, was bei Tisch sonst verpönt war. Wenn wir nicht gerade einen Orangenschnitz quer im Mund stecken hatten, sangen wir fröhlich, laut und schief »Zwei Apfelsinen im Haar«, den Refrain eines Liedes von France Gall, der damals in der deutschen Hitparade lief.

Frisch gepresster Orangensaft wurde heimlich mit etwas Zucker trinkbar gemacht. Sonst mussten wir uns ganz furchtbar schütteln, denn so sauer war damals für unseren Gaumen der Vitamintrunk. Am liebsten mochten wir Orangenaroma eben süß wie im Weihnachtsgebäck oder als luftig leichten Orangenschaum zum Nachtisch bei Festessen.

Doch Hand aufs Herz – mehr noch als die bittersäuerlichen, nur leicht süßen, rohen, faserigen Orangenspalten mochten wir als Kinder die lustigen Orangenpapiere. Unlängst fand ich noch Reste dieser begehrten Sammelobjekte, glatt gestrichen zwischen den Deckeln eines Kinderbuchs. Stellen Sie sich nur eine braun-goldene Gämse auf kornblumenblauem Grund vor, gerahmt von einem dicken Goldrand auf einem leuchtend roten Fond. Dieser Traum eines durchscheinenden, aus Holzschliff hergestellten Papiers schützte vor 50 Jahren eine Blutorange aus Catania beim Transport vor Dellen. Als Werbeträger wurde Orangenpapier mit verrücktesten Einfällen, komischen Zeichnungen und merkwürdigen Sprüchen bedruckt, um den Kauf einer der ältesten kultivierten Obstsorten schmackhafter zu machen. »Willst Du verjüngen deine Mienen, dann kaufe Pilar Apfelsinen!« Dieser und ähnliche Slogans, die Orange als Sinnbild der Sonne und Darstellungen, die Einblicke in die jüngere europäische Geschichte geben – vom ersten Hund im Weltall bis hin zum Minirock – sie sind wie Orangenpapiere heutzutage Geschichte.

## HEUTE – IMMER UND ÜBERALL ZU HABEN

Bei einem frühmorgendlichen Spaziergang durch die Hallen des Großmarktes fällt auf, dass Orangen und andere Zitrusfrüchte kaum mehr in Papier eingewickelt verkauft werden. Nicht nur die Transportwege haben sich geändert. Alles geht heutzutage viel schneller als anno dazumal, als die Früchte noch einen besonderen Schutz brauchten, um auf ihrem langen Weg auf Frachtschiffen oder mit der Eisenbahn unversehrt beim Konsumenten anzukommen. Von Hand einzelne Früchte in Orangenpapiere zu wickeln ist mittlerweile viel zu zeitaufwendig und damit zu teuer. Da gibt es andere Möglichkeiten. Der Natur kann von Menschenhand massiv nachgeholfen werden. Die meisten konventionell angebauten Orangen, die hierzulande in den Supermärkten landen, sind dermaßen gespritzt, bestrahlt und rundum gewachst, dass sich der Beipackzettel liest, als wäre er aus dem Giftschrank gefallen. Eigentlich wirken Orangenfrüchte doch robust. Aber gerade wegen ihrer dicken Schale dürfen sie mit höheren Dosen chemischer Mittel behandelt werden als etwa Äpfel. Diese chemische Keule dient als Schutz vor Insekten, Unkraut und Pilzen und zur Konservierung der Früchte. Und nicht zu vergessen, damit sie schöner aussehen, nicht austrocknen und und und … Schutz vor vielem also, sogar vor gutem Geschmack. Jahrelang hat die EU Orangen nach ihrer Farbe klassifiziert, nicht nach Geschmack oder Saftigkeit. Eine Folge davon ist die zweifelhafte Praxis des Färbens, sprich Entgrünens. »Eine Orange kann so süß und reif sein wie es nur geht und dennoch wie ein Smaragd an einem Baum funkeln«, schrieb John McPhee (Oranges, New York 1967, S. 9). In der Tat, Orangen sind ein grünes Obst, das erst durch Kälteschwankungen seine Orange-Färbung erhält. Deshalb werden grünschalige Orangen unter Luftabschluss in einer Gasdusche mit Äthylen behandelt. So wird das Chlorophyll aus der Schale entfernt – entgrünt eben. Durch die künstliche Hitze verändert sich dummerweise auch der Geschmack der Frucht und ihr Verfall wird beschleunigt. Folglich wird eine Orange nach dem Entgrünen nachträglich mit Karotinoid-Pigmenten gleichmäßig nachgefärbt und in ein Wachsbad getaucht, was die ursprünglich natürliche Wachsschicht ersetzt. Ein Teufelskreis!

Zum Glück kann man behandelte Früchte ganz schnell an ihrem extremen Glanz erkennen. Finger weg von diesen makellos gleichmäßig tief orangefarbenen, schön glänzenden, großen, runden Orangen! Steht auf dem Etikett »Unbehandelt«, dann bedeutet das lediglich, dass die Schalen der Früchte nach der Ernte nicht mit Konservierungsmitteln behandelt wurden und der Erzeuger auf ein Wachsbad verzichtet hat. Was davor alles auf der Plantage passiert ist, bleibt ein Geheimnis. Auch auf diesen konventionell angebauten Orangen finden sich derart hohe toxische Rückstände, dass sie von Amts wegen als »eher stark belastete Früchte« eingestuft werden. Behandelte Schalen sind eigentlich völlig ungenießbar, denn chemische Rückstände lassen sich nicht mit heißem Wasser abwaschen. Verwenden Sie deshalb bitte ausschließlich biologisch angebaute Zitrusfrüchte und unbedenklicher Genuss ist garantiert.

## ORANGENMARKT – WELTWEITE WIRTSCHAFTLICHE BEDEUTUNG

Was vor wenigen Jahrzehnten noch Seltenheitswert hatte, ist heutzutage immer und überall verfügbar. Orangen werden in mediterranen Ländern und in den Subtropen auf der ganzen Welt angebaut und gelangen deshalb das ganze Jahr über auf unsere Märkte. Je nach Erntezeitpunkt teilt man sie in Winter- und Sommerorangen ein. 73,3 Millionen Tonnen Orangen wurden im Jahr 2017 laut der Ernährungs- und Landwirtschaftsorganisation FAO weltweit geerntet. Mit Abstand die höchste Produktion stammt dabei aus Brasilien, gefolgt von China und Indien. Die größten europäischen Produzenten waren Spanien und Italien auf Platz 6 und 12 der Rangliste. Die USA mit ihren berühmten Florida-Orangen, die überwiegend in Nordamerika bleiben, stehen auf dem fünften Platz. Mehr als 75 Millionen Bäume – und damit über die Hälfte aller Orangen Amerikas – wachsen im Sunshine State, wobei 90 Prozent des Ertrags zu Orangensaft weiterverarbeitet werden. Früher liebten Amerikaner frisch gepressten Orangensaft und demonstrierten stolz auf der Weltausstellung 1964/65 in New York die erste »Fresh-juice machine« im Florida Pavillon. Diese Saftpresse, gefüllt mit frischen Orangen, die sichtbar halbiert und ausgepresst wurden, war eine der Hauptattraktionen der Expo. Heute sind Orangensaft-Konzentrate als Getränke erstaunlicherweise nicht nur in den USA beliebt. Bei der Herstellung werden zunächst die leicht flüchtigen Aromen aus dem Saft extrahiert, der auf ein Siebtel eingedampft und zum Schluss wieder mit Aromen versetzt wird. Für Lagerung und Transport wird das Konzentrat eingefroren. Knapp die Hälfte des Vitamin C geht bei dieser Behandlung verloren und es darf eine »Korrekturzuckerung« stattfinden. Seit 1945 wird tiefgefrorenes Orangensaft-Konzentrat hergestellt. Heute ist es mit jährlich konsumierten rund 12 Milliarden Liter der meistgetrunkene Saft auf Erden und wird sogar als wetterabhängiger Rohstoff an einer international anerkannten Terminbörse gehandelt – und das, so scheint es, gewinnbringend.

Das große Sagen auf dem Orangenmarkt haben derzeit also die Brasilianer, bei denen der Orangen-Boom in den 1960er-Jahren vor allem im Bundesstaat Sao Paulo begann und die, da die Früchte größtenteils im Land verarbeitet werden, diese enorme Orangensaftindustrie hervorbrachten. Nach 50 Jahren kontrollieren nur drei Konzerne – darunter ein französischer neben den brasilianischen – 75 Prozent des Weltmarkts und diktieren durch ihre Marktstärke die Preise für Orangen. Das spüren vor allem Orangenbauern in der Provinz Valencia an der spanischen Costa del Azahar, Europas größtem Apfelsinengarten an der Mittelmeerküste. Es herrschen dort ideale Anbaubedingungen mit 3.000 Sonnenstunden im Jahr und milden Wintern, weshalb die ersten Süßorangen-Baumkulturen hier bereits Ende des 18. Jahrhunderts angelegt wurden. Um 1900 kauften englische Importeure ganze Ernten auf Vorschuss und verbreiteten die begehrteste Südfrucht in ganz Europa. 5,5 Millionen Doppelzentner (zu je 100 kg) betrug der Orangenexport etwa 1913. Hauptabnehmer mit 42 Prozent war England, gefolgt von Frankreich und Deutschland. Noch vor gut zwanzig Jahren konzentrierten sich rund um Valencia auf 100.000 Hektar Anbaufläche 80 Prozent des europäischen Verbrauchs an süßen Orangen. Lange Zeit lebten Spaniens Orangenbauern recht gut von ihren Früchten, die gleichsam ein Symbol für Wohlstand, Freiheit und Fortschritt waren. Heute stecken sie in der Krise. Erzeugerpreise sinken – für 1 Kilogramm Orangen werden kaum mehr 10 Cent gezahlt – und die Konkurrenten aus anderen Ländern setzen ihnen zu. Nun suchen Produzenten nach neuen Wegen, ins Geschäft zu kommen, wenn sie nicht, was viel zu häufig vorkommt, aufgeben. Zahlreiche verlassene Plantagen veröden die Landschaft, die Gefahr für Waldbrände steigt, eine Entwicklung mit schweren wirtschaftlichen und ökologischen Folgen für die Orangenblütenküste.

## WOHER DIE ORANGE KOMMT

Um nach Spanien zu gelangen, musste die Orange einen langen Weg zurücklegen. Die Bezeichnung Apfelsine – der Apfel aus China – gibt dabei einen ersten Anhaltspunkt, wo ihre Wiege stand. Die Ursprünge aller Zitrusfrüchte liegen in Südostasien, um genau zu sein am Südosthang des Himalaja, der heutigen Gegend von Assam in Nordost-Indien, Myanmar und der nordwestlichen chinesischen Provinz Yunnan. Noch heute wachsen hier exzellente süß-bittere Orangen unter idealen Bedingungen, die da sind: hohe Tagestemperaturen, nächtliche Kälte und viel Wasser. Nachweisbar sind in dieser Region diverse Orangenvarietäten bereits vor über 3.000 Jahren anzutreffen. Noch bis ins Jahr 500 vor Christus wird eine Orange in der chinesischen Literatur stets als »wilde Frucht« bezeichnet. Im Reich der Mitte ist die Orange ein Symbol für Glück und so wichtig, dass sie ein eigenes Schriftzeichen, 橙 chéng, erhält. Von den südlichen Provinzen werden dem chinesischen Kaiser Orangen als Tribut bezahlt. Der Legende nach, so überliefert es der Dichter Li Sao 314 vor Christus, verwandelten sich diese im Norden, beim Überqueren des Flusses Hoai, sofort in Bitterorangen. Zum Schutz sind die Orangen beim Transport an den Kaiserhof in Seidenpapier gehüllt. Dort kümmert sich ein eigens bestellter Orangenminister um die wertvollen Früchte, die als erfrischend duftende Raumdekorationen oder Opfergaben dienten, wenn sie nicht zu Heilmitteln verarbeitet wurden. Da sie als viel zu bitter und damit als ungenießbar galten, taugten sie noch nicht zum Genussmittel. Als besondere Delikatesse am Hof galten dagegen die Früchte der Zwergorange, *kam kwat*, was auf Kantonesisch »goldene Orange« bedeutet, und die bei uns unter dem Namen Kumquat vergleichsweise spät in der zweiten Hälfte des 19. Jahrhunderts bekannt wird. 1846 stellt sie Robert Fortune, ein schottischer Gärtner, an der Royal Horticultural Society in London unter seinem Namen »Fortunella« vor. Im Auftrag der East India Company sammelt er in Ostasien seltene Pflanzen und führt sie illegal aus China aus. Bekannt ist er als Teepflanzenschmuggler im Auftrag ihrer Majestät – aber diese spannende Geschichte führt uns zu weit von den Orangen weg.

Auch in Indien gibt es Orangen schon seit langer Zeit und so kommen sie als Handelsware relativ früh ins Zweistromland. In Babylonien schmücken angeblich um 800 vor Christus goldene Orangen die hängenden Gärten der Königin Semiramis. Die Bezeichnung Orange taucht in Indien um 100 nach Christus erstmals in einem medizinischen Werk auf. In Sanskrit heißt die Bitterorange *ndranga* oder *ndrangaioi*. In dieser Sprache beginnt alles Duftende mit *ndr-*. Ihre Verbreitung lässt sich auch etymologisch nachverfolgen: Persisch *iidranga*, Arabisch *ndranji*, Lateinisch *arantium*, Spanisch *naranja*, Portugiesisch *laranja*, Altprovenzalisch *auranja* wie auch Italienisch *arancio*.

Bitterorangen sind ab dem 5. Jahrhundert wegen ihrer üppigen Blüten in Japan besonders beliebt und groß in Mode. Sie symbolisieren, wie später in der französischen Renaissance, die Liebe und werden *dai-dai* genannt, was so viel wie Unendlichkeit bedeutet. Auch in anderen Kulturen wird der immergrüne blühende und Früchte tragende Orangenbaum ein Sinnbild für das ewige Leben und die Unsterblichkeit.

Ab dem 8. Jahrhundert erlangt die Orange große Popularität in China und wird vor allem wegen ihrer medizinischen Eigenschaften in großen Plantagen kultiviert, gekreuzt und gehandelt. Das weltweit erste Buch über Zitrusfrüchte und besonders über Orangen schreibt Han Yen-Chih 1178 und beschreibt darin schon 28 verschiedene Sorten sowie Veredelungsmethoden.

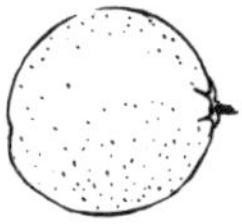

## VOM MORGEN- ZUM ABENDLAND

In Richtung Westen verbreitet sich die Bitterorange wohl in der Folge der Asienfeldzüge Alexanders des Großen über Persien nach Kleinasien und schließlich ins Mittelmeergebiet. Es gehört zu den uralten Träumen der Menschheit, einen Baum zu finden, der goldene Früchte trägt. Seit dem 5. Jahrhundert vor Christus erzählen nun griechische Philosophen und Schriftsteller vom Halbgott Herakles, dem genau das gelang. Dem Mythos nach war der Baum ein Geschenk der Erdgöttin Gaia anlässlich der Vermählung Heras mit Göttervater Zeus. Der Baum war so kostbar, dass er nur in einem geheimnisvollen Garten am Ende der Welt sicher vor Raub oder Zerstörung, überhaupt für jeden unerreichbar war. Sicherheitshalber versperrte den Zugang der mehrköpfige niemals schlafende Drache Ladon, an dem kein Sterblicher vorbeikam. An jenem unbekannten, fernen Ort wurde der kostbare Baum von drei Nymphen gepflegt, den Hesperiden, Töchter der Nacht und des Abendsterns. Die begehrten goldenen Früchte des Baumes verliehen dem Besitzer ewige Jugend, Schönheit und Unsterblichkeit und der kraftstrotzende Held Herakles konnte drei davon rauben. Durch eine List bewog er den Riesen Atlas, für ihn die Früchte zu pflücken, die er, Herakles, für die Erfüllung seiner zwölften Aufgabe benötigte. Kurze Zeit übernahm er dafür Atlas' Aufgabe, das Himmelsgewölbe zu tragen. Herakles' Auftraggeber Eurystheus übergab die Goldäpfel der Göttin Athene, die sie gleich wieder zurück an ihren Platz legte. Diese Erzählung wird im Lauf der Geschichtsschreibung noch einmal groß herauskommen und Furore machen. Nahezu alle Herrscher Europas haben sich schließlich in der Barockzeit mit Herakles und seinem römischen Pendant Herkules verglichen. Dass sie sich als Allegorie des Helden darstellten, reichte nicht, nein, auch die goldenen Äpfel in Form von Pomeranzen mussten zur Repräsentation und zum Zeichen ihrer Macht herhalten.

Doch zurück zum klassischen Altertum. Wie die Zitrone ist auch die Bitterorange als Goldapfel oder Pomeranze in der römischen Antike bekannt. Im ersten Jahrhundert unserer Zeitrechnung bringen die welterobernden Römer wohl Bitterorangenbäume aus Indien nach Nordafrika und führen sie auch in Italien ein. Apicius Caelius, der Feinschmecker und Sammler römischer Rezepte, verwendet Orangen für Gewürzwein. Unkonventionell klingt seine Anleitung zur Aufbewahrung: »Tue die Früchte in ein Gefäß, überziehe sie mit Gips und hänge sie auf« (Apicius Caelius, Altrömische Kochkunst in zehn Bänden, Leipzig 1911, Buch I.21, S. 6). Darstellungen von Orangen tauchen auch auf römischen Mosaiken auf, etwa sehr realistisch um das Jahr 345 im Mausoleum für Constantia und Helena, den Töchtern Kaiser Konstantins des Großen, in der Kirche Santa Costanza in Rom.

Sicher ist, dass sich mit den arabischen Eroberungen und der Ausdehnung des Islam, die bereits Mitte des 7. Jahrhunderts nach Christus beginnen und das Ende der Antike bedeuten, auch der Kulturraum der Bitterorangen/Pomeranzen vergrößert. In den unterworfenen Regionen, besonders auf der Iberischen Halbinsel, auf

Kreta, Rhodos, Zypern oder Sizilien, werden peu à peu umfangreiche Obstgärten angelegt. Der Geograf und Schriftsteller Ibn Hauqal besucht auf seinen weiten Reisen auch Sizilien, das 900 endgültig von den Arabern eingenommen war. Er beschreibt in seinem 977 verfassten »Buch vom Bild der Erde« die modernen, von Arabern eingeführten Bewässerungsmethoden in der Conca d'Oro, die den Orangen- und Zitronenanbau auf Sizilien erst möglich machten. Ein klarer Fall von ökologischem Kolonialismus im Mittelmeerraum – lange bevor Portugiesen und Spanier die Neue Welt entdecken und Orangen nach Nord- und Südamerika sowie Australien verpflanzen. Doch bleiben wir im 12. Jahrhundert, in dem nun die südlichen Provinzen der spanischen Halbinsel einem einzigen blühenden und duftenden Orangenhain gleichen. Von Sizilien aus gelangen Bitterorangenbäume ins übrige Italien und bis nach Südfrankreich, wo sie später für die Parfümherstellung von großer Bedeutung sind. In Portugal sind Orangengärten im 13. und 14. Jahrhundert keine Seltenheit. Nach der Entdeckung und Kolonialisierung Madeiras 1420 legen die Portugiesen große Orangenplantagen auf der Insel an und die Goldäpfel stellen seitdem ein wichtiges Handelsgut dar. *Citrus aurantium*, der Bitterorangenbaum, trägt eher kleine schrumpelige Früchte und weiße Blüten mit starkem Aroma. Roh sind die Früchte kaum zu genießen. Wer es sich leisten kann, benutzt die Exoten als kulinarisches Beiwerk, ätherische Essenz, Arznei – ein überliefertes Rezept aus dem 13. Jahrhundert empfiehlt eine Orangencreme bei Völlegefühl, Mundgeruch und kalter Nase – oder als wertvolles Ziergewächs. Bislang reden wir ausschließlich von Pomeranzen, denn bis ins 15. Jahrhundert waren in Europa nur diese sauren Bitterorangen bekannt.

## SÜSSE ENTDECKUNG

Entdeckergeist und Geschäftssinn einer kleinen Nation ändern Europas Geschmack und Vorratskammern in der Neuzeit ganz erheblich. Portugiesen, die 1513 als Erste in China landen und in den folgenden Jahrzehnten die wichtige Rolle als Zwischenhändler des Chinahandels übernehmen, bringen von ihren Reisen erstmals auch die süße Orange *(Citrus sinensis)* mit nach Hause. Dass es in Indien viele Orangen gibt, aber nur süße, berichtet 1518 der Seefahrer Vasco da Gama erstaunt. Vermutlich pflanzte er entlang der afrikanischen Küste die ersten süßen Orangen aus, so wie die spanische Konkurrenz um Kolumbus es auf den karibischen Inseln und in Florida tat. Die neue Frucht findet nur langsam Eingang in die diversen Länderküchen. Wie ihr bitterer Vorgänger dient sie eher medizinischen Zwecken oder hat schmückende Funktion. Als Pflanze ist sie ein begehrter Schatz in den botanischen Sammlungen diverser europäischer Höfe.

Erst ein Jahrhundert später kommt Bewegung in die Orangenmode und auf den Tisch, wie man den Rezepten des päpstlichen Leibkochs Bartolomeo Scappi 1570 entnehmen kann, der mit bitteren wie süßen Orangen die beliebte Sauce Agrodolce zubereitete und damit eine süßsaure Note in seine Gerichte zauberte. Der portugiesische Schriftsteller Manuel de Faria e Souza beschreibt voller Enthusiasmus, dass Orangen aus Kanton viel besser seien als die in Portugal kultivierten. Deshalb lässt der portugiesische Vizekönig in Indien, Don Francisco Mascarenhas, im Jahr 1635 Orangenbäume in großer Zahl von China über Goa nach Lissabon bringen. Europa verdankt ihm die Einführung und wirkliche Veredelung der süßen chinesischen Apfelsinen, die nun in ungeheuren Mengen europaweit exportiert werden.

Portugiesische Orangen stehen als Markenzeichen für Qualität, sind eine wichtige Erwerbsquelle und bringen den Lusitanern großen Reichtum und Ruhm. Der portugiesische Diplomat Duarte Ribeiro de Macedo erzählte einmal am Hofe des französischen Sonnenkönigs, der ein großer Liebhaber und Sammler von Zitrusfrüchten aller Art war, dass die Einführung der Orangen wichtiger gewesen sei als die Eroberung des Orients. Portugal exportiert im 17. Jahrhundert im großen Stil, wobei 50 Prozent der Ernte an England geht. Intensive Handelsbeziehungen mit den Briten reichen zwar bis ins Mittelalter zurück, doch im 17. Jahrhundert erhalten englische Kaufleute als große Verbündete gegen Spanien und Frankreich in Portugal besondere Privilegien, bis hin zu eigener Gerichtsbarkeit. Der operettenhaft inszenierte Sieg Spaniens über Portugal 1801, bei dem der spanischen Königin von ihrem Feldherrn portugiesische Orangen nach Madrid geschickt werden und in dessen Folge Napoleon die Iberische Halbinsel besetzt, geht gar unter dem Namen Orangenkrieg in die Geschichtsbücher ein.

Die britische Marine führt im großen Stil Orangen und Zitronen an Bord ihrer Schiffe mit und setzt sie erfolgreich gegen Skorbut ein. Kurz eingeschoben sei an dieser Stelle nur, dass jahrhundertelang England im Orangenverbrauch unter allen europäischen Ländern an oberster Stelle stand. Noch 1860 liefert Portugal 650 Millionen Orangen nach Großbritannien, das damals 18 Millionen Einwohner zählte.

Die Qualität portugiesischer Orangen war europaweit in aller Munde und das sollte nach Ansicht des Staatsoberhauptes auch so bleiben. Folglich erlässt der Prinzregent und spätere König Don Pedro II. bereits 1671 ein Gesetz, das »alle Exportationen chinesischer und gewöhnlicher Apfelsinenbäume« aus Portugal verbietet.

Nicht unbegründet war seine Sorge, der florierende Handel mit Portugals Orangen könnte ohne Schutzmaßnahmen leiden. Früchte durften weiterhin ausgeführt werden, denn nur mit Sämlingen, also den Kernen, war nichts anzufangen. Eine gute Qualität ist nur durch Pfropfen und Okulieren der Pflanzen zu erzielen. Und wie das am besten funktioniert, war ein wohlgehütetes Geheimnis, was wiederum Wirtschaftsspionage im großen Stil den Boden bereitete: Orangenplantagen mussten aufwendig und streng bewacht werden, denn Franzosen, Italiener und die spanischen Nachbarn versuchten auf teils abenteuerliche Weise an die wertvollen Orangenpflanzen aus Portugal zu gelangen.

Lange kann Portugal seine Vormachtstellung in Sachen Orange aber nicht halten. Spanien läuft den Portugiesen letztendlich doch den Rang ab. Immerhin hat sich der Name für süße Orangen, der auf ihre Entdecker hinweist, noch in der italienischen Bezeichnung *portogallo* und der türkischen *portakal* erhalten.

## DER SCHÖNEN GÄRTEN ZIER

Das Staunen über Kurioses und Unbekanntes, das Sammeln von Prestigeobjekten in Kunst- und Wunderkammern ist seit der italienischen Renaissance einerseits Zeitvertreib und andererseits ein besonders wichtiges Mittel zur politischen Selbstdarstellung der Mächtigen und Reichen. Die Beschäftigung mit sich und mit der Welt führt auch zum intensiven Naturstudium und zum

Erwerb botanischen Wissens. Das Sammeln von Pflanzen und die Zurschaustellung möglichst seltener Exemplare ist bald der letzte Schrei. Staunenswert muss es sein, egal ob es Straußeneier, ausgestopfte Krokodile, komplizierte Uhrmechanismen, antike Münzen oder Einhörner sind. Auch mit exotischen Pflanzen ist in Lustgärten gut renommieren.

Unter den Vorreitern dieser Mode stehen die Medici an erster Stelle. Seit den 1440er-Jahren sammelten sie besondere Zitruspflanzen in ihren Gärten in und um Florenz. Alle Welt wusste von dieser üppigen erlesenen Pflanzenpracht. Im April 1482 besuchte der württembergische Herzog Eberhard im Bart mit dem Gelehrten Johannes Reuchlin Florenz und berichtete nach Hause, er habe den paradiesischen Hesperidengarten gesehen. In der Tat, er hat die Zeichen richtig gedeutet: Die Aufsteigerfamilie Medici versuchte überall eine Verbindung zum Herkules-Mythos herzustellen. Der antike Held spielte in Florenz schon lange eine zentrale Rolle. Als personifizierte göttliche Kardinaltugend der Fortitudo, sprich Tapferkeit und Stärke, adaptierte man ihn als Stadtpatron neben anderen christlichen Heiligen. Die Medici bedienten sich der goldenen Hesperidenäpfel, die Herkules raubte, um auf die Unsterblichkeit und Stärke ihrer Familie hinzuweisen. Angeblich nahmen sie die Orangen sogar in ihr Wappen auf – so jedenfalls eine der Deutungen. Sicher ist, dass sie in ihrer Selbstdarstellung als Besitzer des Hesperidengartens angeben, von uraltem Adel zu sein, der bis in die Antike zurückreicht.

Florenz und die Medici sind gleich Herkules – eine schleichende Vereinnahmung. Beide sonnen sich im Bild ihrer eigenen Macht und Unbeugsamkeit. Von der bedeutenden historischen Sammlung sind heute noch gut 500 Pflanzen im Garten der Villa Medici in Castello zu bewundern.

Diesen mittels Orangen dargestellten Anspruch übernehmen in den folgenden Jahrhunderten nahezu alle Herrscher Europas, egal ob in Prag, Wien, Versailles oder Potsdam, denn sie dienen vorzüglich dem zunehmenden Bedürfnis absolutistisch geprägter Selbstinszenierung. Selbst kleine Fürsten vergleichen sich fortan mit Herkules, lassen sich als Helden darstellen und nutzen die goldenen Pomeranzen zur Repräsentation, zur Demonstration politischen wie wirtschaftlichen Potentials und Legitimation ihrer Herrschaft. Die teuren Orangengewächse werden gut sichtbar in kostbaren Gefäßen in den Schlossanlagen aufgestellt. Bis auf die Höhe von Neapel können Orangenbäume ganzjährig im Freien angebaut werden. Weiter nördlich müssen die Pflanzen vor Frost geschützt werden und in Räumen überwintern, in den Limonaie oder Orangerien. Agrumen, also Zitruspflanzen, in großen Tongefäßen anzupflanzen geht von Italien aus und löst zunehmend auch nördlich der Alpen eine wahre Konjunktur von Sammlungsgründungen aus. Im 17. und 18. Jahrhundert entsteht deshalb eine regelrechte Orangeriekultur. Die seltensten und bizarrsten Varietäten tragen zum Ruhm ihrer Besitzer bei. Hoch bezahlte Pflanzenjäger – ein neuer Zweig des Kunstagentenberufs – besorgen den Import neuer Arten und Sorten.

## ORANGE VERWANDTSCHAFTSVERHÄLTNISSE – DIE SACHE MIT DER ORDNUNG

Vor drei, vier Jahren konnte man in der Zeitung lesen, dass spanische Wissenschaftler mittels modernster DNA-Analysen endlich den Stammbaum der Zitrusfrüchte entschlüsselt haben. Nach neuester Erkenntnis aus dem Erbmaterial gehen sie alle auf nur drei »Urahnen« zurück, von denen sich dann die bekannten Sorten entwickelt haben. Gemeinsame Vorfahren sind Zitronatzitrone *(Citrus medica)*, wilde Mandarine *(Citrus reticulata)* und ein Vorläufer der Pampelmuse *(Citrus maxima)*. Machen wir es kurz: Diese Pampelmuse ist riesig und hat eher die Farbe einer Zitrone. Die wilde Mandarine hingegen ist winzig – sie hat die Farbe heutiger Mandarinen. Diese beiden haben sich gekreuzt. Und daraus ist die Bitterorange hervorgegangen und das vor ca. 3.000 Jahren. Die Kreuzung der Bitterorange mit der Mandarine bringt schließlich die süße Orange hervor.

Mit der Kultivierung geht die botanische Erforschung der Pflanzen einher. Beschreibungen der Pflanzen, ihrer Eigenschaften und ihrer Kultivierung finden sich bereits bei antiken Autoren. Zitrusmonografien erscheinen ab dem 16. Jahrhundert. In die Barockzeit fällt der erste groß angelegte Versuch, ein Klassifikationsschema für Agrumen zu erarbeiten. Der Jesuit und Botaniker Giovanni Baptista Ferrari ist einer der Ersten, der die Kultivierung und Nutzung der goldenen Äpfel empirisch untersucht. Er sendet Fragebogen an Sammler in ganz Italien aus, egal ob Fürsten, Kardinäle oder Gärtner, und bekommt Auskunft über Namen der Pflanze, Herkunft, Aussehen des Baums, der Blätter, der Blüte und der Frucht sowie über deren Verwendung. In seiner Auswertung unterteilt Ferrari streng drei Kategorien entsprechend den Hesperidentöchtern: Zitronatzitronen = Aegle, Zitronen = Arethusa und Orangen = Hesperthusa. Wieder ist es die Familie Medici, die für die Erforschung von Zitruspflanzen einen großen Beitrag leistet. Um 1700 lassen sie von Bartolomeo Bimbi ihre Sammlung malen. Im Rahmen dieses Auftrags entstehen vier Gemälde, mit insgesamt 116 sorgfältig bezeichneten Sorten. Ein halbes Jahrhundert später folgt der Nürnberger Kaufmann Johann Christoph Volkamer Ferraris Beispiel und publiziert die erste deutschsprachige Zitrusmonografie mit allen Aspekten der Kultur von Zitruspflanzen wie Substrat, Umtopfen, Düngung, Gießen, Schnitttechniken oder Schädlingsbekämpfung. Carl von Linné versucht sich 1753 an einer einheitlichen Nomenklatur und klassifiziert die Gattung *Citrus* konsequent in die Arten Zitronatzitrone, Pomeranze und Pampelmuse. Der Gattungsname erhält bei ihm ein Beiwort für den Artnamen, was die Unterscheidung erleichtern soll. Das wohl prachtvollste Werk des 19. Jahrhunderts ist die *Histoire naturelle des orangers* von Antoine Risso. Er beschreibt acht verschiedene Zitrusarten und 169 Sorten. Im 20. Jahrhundert kamen morphologische Untersuchungen des Amerikaners Walter Swingle zur Einteilung in 16 Arten, während sein japanischer Botanikerkollege noch 1977 eine Taxonomie in 162 Arten vorschlägt. Sie sehen, ein heilloses Durcheinander!

Botanisch gehört die Orange zur Familie der Rautengewächse *(Rutaceae)*, die man an den stark duftenden ätherischen Ölen ihrer oberirdischen Pflanzenteile erkennt. Die Blüten stehen in Blütenständen zusammen. Die Familie der *Rutaceae* gehört zur Ordnung der immergrünen Seifenbaumartigen Pflanzen und diese zum Stamm der Rosiden, Klasse Eurosiden II. Botanisch zählt die Frucht der Orange außerdem zu den Beeren, genauer zum Hesperidum, also einer Endokarp- oder Panzerbeere. Wie bei der Banane, der Gurke, dem Kürbis oder der Melone, die botanisch ebenfalls als Beeren eingeordnet werden, entwickelt sich auch bei der Orange das Fruchtfleisch aus dem Endokarp, dem sogenannten Fruchtknoten. Umgeben ist dieses aus Saftschläuchen bestehende Fruchtfleisch von einer Schale, die in Vertiefungen Öldrüsen enthält. Die Schale wiederum besteht aus der Epidermis, der wachsigen Oberfläche, und dem darunterliegenden Flavedo (Exokarp). Bevor man nun auf das fleischige Innere stößt, trifft man auf ein weißes, schwammartiges Gewebe, das Albedo (Mesokarp), das sehr viel Pektin enthält. Die Fruchtblätter sind durch Häute getrennte Abschnitte oder Schnitze mit flüssig gefüllten Saftschläuchen, die aus Haarzellen bestehen.

Alle Zitrusarten und -pflanzen sind Hybride oder Mutanten, die Arten und Sorten kreuzen sich sehr leicht untereinander. Selten weiß man mit Sicherheit, wer die Eltern oder Großeltern der Hybriden sind. Eine verbindliche Zuordnung scheint kaum möglich. Oft bezeichnet man sie mit einem Artnamen, obwohl sie eine Kreuzung mit einer anderen Kreuzung sind. Verwirrend, das Ganze, und hier nicht zu klären. Seit Jahrhunderten beschäftigen sich Wissenschaftler mit der pflanzensystematischen Ordnung. Dabei werden anscheinend sichere Arten wieder in Frage gestellt, Sorten werden zu Varietäten und umgekehrt. Zu manchen Sorten gibt es über fünfzehn Synonyme. Von manchen historischen existieren nur noch wenige Exemplare, gleichzeitig gibt es Handelssorten wie Navel oder Moro, die massenhaft erzeugt werden. Wie viele Sorten es tatsächlich sind, kann keiner genau sagen. Man geht von über tausend aus. Die moderne Wissenschaft kann nun definitiv sagen, dass Zitruspflanzen schon ohne Kultivierung durch den Menschen viele Hybride aufweisen.

Durch den Eingriff des Menschen wird es nicht klarer. Die Pampelmuse mit der Mandarine gekreuzt – und heraus kommt die Bitterorange, auch Pomeranze genannt. Diese wiederum mit der Mandarine verbandelt gibt die süße Orange. Und die Grapefruit ist mitnichten eine Pampelmuse, sondern deren Kreuzung mit der Orange. Und Mandarinen, die wir aus dem Laden kennen, sind gar keine klassischen Mandarinen mehr, sondern Satsumas oder Clementinen, also Verbindungen von wilder Mandarine und süßer Orange. Eine einfache Zitrone entsteht aus Zitronatzitrone und Bitterorange. Wenn die Erbanteile anders verteilt sind, kann aus dieser Kreuzung auch eine Bergamotte werden. Nur Apfelsinen sind einfach ganz gewöhnliche süße Orangen.

Bei diesen Verwandtschaftsverhältnissen kann es leicht zu Verwechslungen kommen. Nehmen wir nun noch einmal als Beispiel eine Hybride von Mandarine und Pampelmuse, also eine bittere Orange (Pomeranze). Sie bildet keimfähige Samen aus, mit denen sie sich weiter vermehren kann. Doch welche Sorte sich durchsetzt, lässt sich nicht vorhersagen. Es kann eine Mandarine, Pomeranze oder Orange oder Pampelmuse dabei herauskommen. In einem Samenkorn wachsen mehrere Keimlinge. Aus den Kernen von ein und derselben

Frucht entstehen unterschiedliche Arten und Sorten. Wachsen Klone aus der Elternpflanze, können das auch verschiedene Arten an einem Baum sein. Von der Kreuzung bis zur Frucht dauert es, denn ein Sämling blüht, wenn überhaupt frühestens nach acht Jahren.

Samen von Orangen sind nur etwa eine Woche keimfähig. Stecken Sie sie also schnell ein bis zwei Zentimeter tief in sandige Erde, bei Temperaturen zwischen 20 und 30 °C und gleichmäßiger Feuchtigkeit. Die Samen keimen nach etwa zwei bis vier Wochen. Aus Samen gezogene Orangenbäume blühen nur selten, denn sie durchlaufen in den ersten acht bis zwölf Jahren eine ausgeprägte Wachstumsphase mit großer Dornenbildung. Schon kurz über dem Boden setzen die Verzweigungen ein. An den Ästen stehen wechselständig und spiralig angeordnet die Laubblätter. Sie sind elliptisch geformt und laufen spitz zu. Schaffen Sie es in dieser Zeit, Ihr Bäumchen nicht zu beschneiden, dann haben Sie die Chance, dass es zu blühen beginnt. Wollen Sie nicht so lange warten, können sie den einjährigen Sämling veredeln. Orangenbäume können sehr alt, bis über hundert Jahre, und über 10 Meter hoch werden.

Bis zu 200 Kilogramm Ertrag pro Jahr kann ein erwachsener Baum liefern. Blütezeit ist in Europa von Februar bis Juni. Die Früchte müssen eigentlich nicht sofort geerntet werden. Sie können ohne Qualitätsverlust einige Monate auf den Bäumen bleiben. Gepflückt reifen Orangen nicht nach. Lagern Sie die reifen Früchte bei 0 bis 9 °C dann sind sie vier bis acht Wochen haltbar.

Im Jahre 1495 erobert König Karl VIII. Sizilien und bringt neben einer fetten Beute an Kulturgütern zahlreiche Zitruspflanzen sowie erfahrene, angesehene Gärtner mit nach Frankreich, die sich dann um die Orangengärten in Amboise zu kümmern hatten. Das waren noch Zeiten! Pflanzen aus Sizilien bekommen wir heute wohl leichter. Um die Pflege müssen wir uns selbst kümmern. Aber keine Sorge: Orangenpflanzen sind eigentlich pflegeleicht. Sie sollen möglichst einzeln in Töpfen stehen, brauchen Sonne und einen windgeschützten Ort. Auf keinen Fall mögen sie Staunässe. Der Gartenchef von Schloss Ansbach, der eine herrliche Sammlung alter Zitruspflanzen hütete, erklärte gern alte Methoden und umfangreiche Düngerrezepte zum Nonplusultra. Abgestandenes Regenwasser und Pferdemist-Mischungen kamen zum Einsatz. Meine Großtante schwor auf Quellwasser, das stets vom Dorfbrunnen herangeschafft werden musste, um ihren riesigen Kumquatbusch zu gießen. Heutzutage gibt es glücklicherweise Fertigmischungen zur Düngung von Zitruspflanzen und genaue Anleitungen zur Pflege. Am wichtigsten ist gewiss die Überwinterung der Pflanzen. Orangen sind nicht frosthart. Bei Temperaturen um 5 °C muss für Frostschutz gesorgt werden. Die Pflanzen brauchen dann kühle, aber helle Räume zum Überleben. Ein Onkel erzählte unlängst, dass die Orangenbäume der Familie mit Ponywagen ins Elefantenhaus des Breslauer Zoos zum Überwintern kutschiert wurden. Besagte Großtante ließ mit Hilfe der örtlichen Feuerwehr ihre kostbare Mini-Orange in die nahegelegene Dorfkirche bringen. Mit duftenden Blüten und herrlich leuchtenden Früchten kamen die Pflanzen im Frühling zurück, bereit für manch kulinarisches Vergnügen.

## KULINARISCHE FRUCHT

Orangen gelten seit langem als wichtige Vitaminspender auf dem Speisezettel. In den Früchten stecken Vitamin C und Vitamine der B-Gruppe sowie Folsäure. Mineralien wie Kalium, Kalzium, Magnesium, Phosphat und Eisen werden gleich mitgeliefert. Also alles gut für die Gesundheit. Auch die Schalen haben es in sich:

Sie werden nicht weggeworfen, sondern weiterverarbeitet. Abgerieben kommen sie in Gebäck und Kuchen, getrocknet munden sie im Tee und mit Nelken gespickt lagern sie im Wäscheschrank, um Motten fernzuhalten.

Schon römische Gourmets wie Apicius sind auf den Geschmack der Orange gekommen und haben Rezepte wie »Kaninchen mit Honig, Feigen und Orangen« hinterlassen. Bei Bartolomeo Scappi, einem berühmten italienischen Koch der Renaissancezeit, der Papst Paul III. mit aufregenden Rezepten verwöhnte, spielen vor allem Bitterorangen eine große Rolle. In seiner 1570 publizierten »L'arte et prudenza d'un maestro cuoco« finden sich erstaunliche Geschmackskombinationen mit Orange, etwa in einer Suppe mit Trüffel, mit Kaviar auf Toast erhitzt, zu frittiertem Hopfen oder heißen Eiern, pochiert mit Orangensaft und Zucker. Die Balance von Sauer und Süß spielt bei Scappis Rezepten stets eine große Rolle. Liest man in Kochbüchern von Orangen als Zutat, dann waren bis nach dem Ersten Weltkrieg vor allem Bitterorangen damit gemeint. Süße Orangen setzten sich erst langsam in der Küche des 20. Jahrhunderts durch.

Süß, sauer, bitter, sinnlich, erfrischend – kaum eine Frucht ist so vielseitig und wandlungsfähig wie die Orange. Egal ob Bitterorange, süße Orange oder Kumquat – mit ihnen zu kochen ist immer ein Geschmackserlebnis.

# REZEPTE

In den Rezepten werden ausschließlich Bio-Zitrusfrüchte verwendet. Saft ist selbstverständlich immer frisch gepresst. Und falls nicht anders angegeben, wird im Ofen mit Ober- und Unterhitze gearbeitet.

## VORSPEISEN

### *Linsen-Orangen-Suppe*

Am bekanntesten ist die Verwendung von Orangen bei Kürbis-, Möhren- oder Tomatensuppe. Probieren Sie stattdessen einmal diese herrlich orientalisch angehauchte Linsensuppe.

*Für 4 Portionen*

*100 g rote Linsen • 600 ml Gemüsebrühe • 1 Bund Frühlingszwiebeln • 200 g Möhren • 2 Orangen • Salz • Pfeffer • Zucker • 2 EL gehacktes Koriandergrün*

Linsen in die Gemüsebrühe geben und bei milder Hitze 8–10 Min. garen. Frühlingszwiebeln putzen und das Weiße und Hellgrüne schräg in dünne Ringe schneiden. Möhren schälen und grob raspeln.

Orangen schälen und die Filets zwischen den Trennhäuten herausschneiden. Orangen, Möhren und Frühlingszwiebeln 3 Min. vor Ende der Garzeit in die Suppe geben und mit Salz, Pfeffer, 1 Prise Zucker und gehacktem Koriandergrün würzen.

## *Orangensuppe mit Seeteufel*

Wunderbar fruchtig und elegant ist diese leichte Fischsuppe. Genau das Richtige, um Gäste zu beeindrucken.

*Für 4 Portionen*

*500 g Seeteufelmedaillons • 250 ml Orangensaft • 2 EL Zitronensaft • Salz • Pfeffer • 60 g Reis • 1 Zwiebel • ½ grüne Paprikaschote • 3 mittelgroße Möhren • 1 Orange • 20 g Butter • 1 TL Kurkuma • 500 ml Gemüsebrühe • 200 g Sahne • 1 TL Safranfäden • 1–2 TL Honig • 20 g Butterschmalz*

Fischmedaillons waschen, trocken tupfen, mit je 2 EL Orangen- und Zitronensaft beträufeln, salzen und pfeffern. Reis garen. Zwiebel schälen, fein hacken. Paprika in feine Streifen schneiden. Möhren längs und quer halbieren, 2 Stücke davon in schmale Stifte schneiden, den Rest würfeln. Orange schälen und filetieren. Zwiebel in Butter glasig braten. Möhrenwürfel und Kurkuma kurz mitbraten. Brühe und Sahne angießen, bei mittlerer Hitze 10 Min. leise köcheln lassen und dann pürieren. Mit Orangensaft und Safran erneut aufkochen und noch 5 Min. weiterkochen lassen. Mit Salz, Pfeffer und Honig abschmecken.

Orangenfilets, Reis, Paprika und Möhrenstifte in die Suppe geben, bei schwacher Hitze im geschlossenen Topf gar ziehen lassen. Fisch abtropfen, im heißen Butterschmalz 2–3 Min. braten, dabei einmal wenden. Suppe abschmecken, mit den Medaillons servieren.

## Scharfe Orangen-Garnelen

Ein schnell gemachtes Amuse gueule mit der besonderen Note.

*Für 4 Portionen*

*1 milde rote Chilischote • 1 Knoblauchzehe • 1 Orange • 20 rohe Garnelen • 3 EL Olivenöl • Salz • 2 EL gehackte Petersilie • Orangen-Aioli (siehe Rezept S. 31) • einige gehackte geröstete Mandeln*

Chilischote entkernen und in feine Streifen schneiden. Knoblauch in dünne Scheiben schneiden. Von der Orange die Schale in Streifen abziehen, dann 8 EL Saft auspressen. Garnelen aus der Schale lösen und Darm entfernen. In heißem Olivenöl 4 Min. rundherum anbraten. Nach 2 Min. Knoblauch und Chili zugeben. Mit Orangensaft ablöschen, mit Salz würzen, mit Petersilie und Orangenschale bestreuen. Dazu passt Orangen-Aioli mit gerösteten Mandeln.

## Austern mit Bitterorangen-Vinaigrette

»À la recherche du temps perdu« – ein Klassiker des 19. Jahrhunderts aus Frankreich. Wenn Sie Austern lieben, dann wird Ihnen diese Variante bestimmt gefallen.

*Für 4 Portionen*

*2 Bitterorangen • 1 EL Akazienhonig • 8 EL weißer Aceto Balsamico • 2 Schalotten • Piment d'Espelette • 12 Stiele Koriandergrün • 16 Austern*

3 TL Orangenschale fein abreiben. 8 EL Orangensaft auspressen, Saft mit Orangenschale, Honig und Balsamico verrühren. Schalotten sehr fein würfeln und mit 1–2 Prisen Piment d'Espelette würzen. Korianderblätter abzupfen und fein hacken. Alles mit der Essigmischung vermengen. Geöffnete Austern mit der Bitterorangen-Vinaigrette servieren.

## Orangensalat mit Oliven

Orangen einmal als pikante Vorspeise und nicht als Dessert. Diese sehr erfrischende Kombination schätzt man in vielen südlichen Ländern, manchmal auch mit fein gehobeltem rohem Fenchel.

*Für 4 Portionen*

*2 EL Rosinen • 4 Orangen • 20 schwarze Oliven • 1 rote Zwiebel • 6 Blätter Minze • 3 EL Rotweinessig • 3 EL kräftiges Olivenöl • Salz • Pfeffer*

100 ml Wasser aufkochen und Rosinen damit übergießen. Orangen filetieren und Saft auffangen. Oliven entsteinen. Zwiebel halbieren und in feine Streifen schneiden. Minze ebenfalls in feine Streifchen schneiden. Für die Sauce den aufgefangenen Orangensaft zusammen mit dem Rotweinessig in einen hohen Becher geben. Rosinen abgießen und zum Essig geben. Alles mit dem Stabmixer pürieren. Olivenöl unterrühren und mit Salz sowie Pfeffer würzen. Orangenfilets mit Oliven und Zwiebelstreifen auf Tellern anrichten, mit der Sauce beträufeln und mit Minze bestreuen.

## Scharfe Orangen-Aioli

*2 Knoblauchzehen • 1 Scheibe Toastbrot • 2 EL Pernod • Saft und Schale von ½ Orange • 2 zimmerwarme Eigelb • 200 ml Sonnenblumenöl • Salz • Pfeffer • 2 Msp. Chilipulver • 1–2 Spritzer Zitronensaft*

Knoblauch schälen und grob hacken. Toastbrot klein schneiden und in einen hohen Mixbecher geben. Pernod, Orangensaft und Knoblauch hinzufügen und alles mit dem Pürierstab fein pürieren. Orangenschale und Eigelbe dazugeben, dann das Öl angießen. Alles zu einer cremigen Mayonnaise pürieren. Aioli mit Salz, Pfeffer, Chili und Zitronensaft würzen.

## Orangenöl

*Für 2 Flaschen à 500 ml*
*6 Orangen • 1 l gutes Olivenöl • 1 TL schwarze oder bunte Pfefferkörner oder 2 kleine getrocknete Chilischoten*

Orangen heiß abwaschen und mit einem sehr scharfen Messer die Schale ohne das Weiße dünn abschneiden. Orangenschalen in die Flaschen verteilen. Olivenöl auf die Orangenschalen gießen und die Flaschen verschließen. Orangenöl 3 Wochen an einem kühlen und dunklen Ort durchziehen lassen, dabei die Flaschen gelegentlich schütteln. Anschließend das Öl abseihen und in saubere Flaschen füllen. Schwarze oder bunte Pfefferkörner oder getrocknete Chilischoten mit ins Öl geben.

Hält ca. 1 Jahr.

## Pikanter Orangenkürbis

Chili verleiht dem süß-sauren Kürbis eine schöne Schärfe, während die Orange seinen Geschmack richtig zur Geltung bringt. Angelehnt an ein Rezept von Sternekoch Heinz Reitbauer.

*Für 5 Einmachgläser à 250 ml*
*700 g geputztes Kürbisfleisch • 300 ml Weißweinessig • 150 ml Weißwein • 100 ml Wasser • 150 g Zucker • ½ TL Salz • 2 Lorbeerblätter • ½ Orange • 1 rote Chilischote*

Kürbisfleisch etwa 1 cm groß würfeln. Essig, Weißwein, Wasser, Zucker, Salz und Lorbeer aufkochen. Kürbiswürfel dazugeben, aufkochen und den Sud auf kleinem Feuer so lange leise kochen lassen, bis die Kürbiswürfel knapp weich sind. Je nach Sorte dauert das

20–30 Min. Inzwischen Orange waschen, vierteln und mitsamt Schale in feine Scheiben schneiden. Von der Chilischote Stiel und Kerne entfernen und Fruchtfleisch in feine Scheiben schneiden. Nach 20–30 Min. Kochzeit Orange und Chili zum Kürbis geben und noch 5 Min. mitkochen. Einmachgläser mit kochend heißem Wasser ausspülen. Kürbis kochend heiß in die Gläser füllen und mit Sud bedecken. Sofort verschließen.

Wenn Sie mehr Schärfe mögen, geben Sie einfach einige Chilisamen mit in den Sud. Vor Verwendung mindestens 14 Tage durchziehen lassen, um das volle Aroma zu erhalten. Gut verschlossen kühl aufbewahren.

Hält gut 6–9 Monate. Einmal angebrochen, unbedingt im Kühlschrank aufbewahren.

## Süß-saurer Fenchel mit Orangen

Ein wunderbarer Vorrat, der ideal zu einer herzhaften Vesper passt.

*Für 3–4 Gläser à 380 ml*

*1 kg Fenchel • 3 Orangen • 2 EL Korianderkörner • 300 ml Weißweinessig • 150 ml Weißwein • 15 g Salz • 150 g Birnendicksaft*

Fenchel putzen, halbieren, dann die Hälften in Streifen schneiden. Die Schale einer Orange fein abreiben. Alle Orangen auspressen. Korianderkörner leicht mörsern. Orangensaft und -schale, Koriander, Essig, Weißwein, Salz und Birnendicksaft aufkochen. Fenchel dazugeben, aufkochen und zugedeckt 10 Min. kochen lassen. Inzwischen Gläser auskochen. Fenchel kochend heiß in die Gläser füllen und sofort verschließen. Vor Verwendung mindestens 24 Std. durchziehen lassen.

Hält gut 6–9 Monate. Einmal angebrochen, unbedingt im Kühlschrank aufbewahren.

## Kleine Zwiebeln im Orangensud

Diese kleinen würzig-fruchtigen Zwiebeln machen süchtig, sind ein Muss zu Antipasti und schmecken sehr gut zu Salami, Schinken und kaltem Braten.

*Für 2 Gläser à 400 ml*

*2 Orangen • 100 ml Weißweinessig • 200 ml trockener Sherry • 150 ml Wasser • 100 g Zucker • 500 g Perlzwiebeln oder kleine Schalotten • 1 getrocknete Chili • 2 Zweige Thymian • 2 Lorbeerblätter • Salz*

Orangen heiß waschen und Schale dünn (ohne das Weiße) spiralförmig abschälen. Saft auspressen. Orangensaft mit Essig, Sherry, Wasser und Zucker zum Kochen bringen und bei mittlerer Hitze offen etwa 15 Min. leise kochen lassen. Inzwischen Zwiebeln kurz blanchieren und kalt abschrecken, schälen und je nach Größe ganz lassen oder halbieren. Chili leicht andrücken. Thymian waschen. Zwiebeln mit Chili, Thymian, Lorbeerblättern und Orangenschale in den Sud geben, alles salzen und weitere 15 Min. kochen lassen, bis die Zwiebeln bissfest sind. Zwiebeln in saubere Gläser füllen. Sud kochend heiß über die Zwiebeln gießen. Gläser sofort verschließen.

Hält gut 6–9 Monate. Einmal angebrochen, unbedingt im Kühlschrank aufbewahren.

## Aprikosenkompott mit Orange und Estragon

Eine besondere, feine Note bekommen die Aprikosen mit Orange und Estragon. Sie passen gut zu Wild oder zu Desserts.

*Für 2 Gläser à 750 ml*

*1 kg Aprikosen • Saft von 1 Orange • 750 ml Wasser • 150 g Zucker • 2–3 Zweige Estragon*

Aprikosen halbieren und entkernen. Orangensaft mit Wasser und Zucker zum Kochen bringen. Estragon in den Sud legen und 5 Min. bei niedriger Hitze köcheln lassen. Estragon entfernen und die Aprikosen 3 Min. im Sud köcheln lassen. Aprikosen in ausgekochte Gläser schichten, mit kochend heißem Sud bedecken und verschließen. Die verschlossenen Gläser für 25 Min. im vorgeheizten Ofen bei 80 °C sterilisieren.

Hält ca. 6 Monate.

## Bitterschöne Orangenmarmelade

Einmal im Jahr stellen wir uns dieser arbeitsintensiven Herausforderung, die uns ein paar Tage lang beschäftigt. Um auch besonders geschätzten Mitmenschen eine Freude machen zu können oder beim Kochen nicht zu sparsam mit der Marmelade sein zu müssen, verarbeiten wir dafür kistenweise Pomeranzen, also Bitterorangen, aus Sizilien. Vielleicht fangen Sie etwas kleiner an?

*Für ca. 10 Gläser à 380 ml*
*2,5 kg Bitterorangen • 2 Zitronen • 2 Grapefruits • 12 Blutorangen • 1 kg Gelierzucker 1:1 • 500 g Gelierzucker 1:2*

Am ersten Tag die gründlich gewaschenen Bitterorangen, Zitronen und 1 Grapefruit in reichlich Wasser für 24 Std. einweichen. Durch das Wässern lassen sich die Schalen später besser verarbeiten und verlieren Bitterstoffe.

Am nächsten Tag die Früchte mit frischem Wasser aufsetzen und so lange kochen lassen, bis sie weich sind (dauert ungefähr 30 Min.). Abgießen und auskühlen lassen. Nun die Früchte vierteln und das Fruchtfleisch so herausschneiden, dass möglichst nur die Schale und etwas Albedo, die weiße Schicht der Fruchtwand, stehen bleiben. Schalenviertel zur Seite legen, Fruchtfleisch mit allen Kernen und Häuten in einen Topf geben. Alles mit

Wasser bedecken und zugedeckt 60 Min. auskochen. Durch ein Sieb schlagen und von dem aufgefangenen dicken pektinhaltigen Saft 400 ml abmessen. (Den Rest mit Zucker zu einem Sirup einkochen. Er ist herrlich zum Aromatisieren von allem Möglichen, von Fischsuppe über Saucen bis hin zu Süßspeisen.)

Schalen in hauchdünne, etwa 2–3 cm lange Streifen schneiden. Blutorangen und die zweite Grapefruit auspressen. (Sie brauchen ungefähr 1,5 Liter frisch gepressten Saft). Mit den 400 ml Sud, den Schalenstreifen und dem Gelierzucker vermischen. Langsam erhitzen und unter Rühren 10 Min. sprudelnd kochen lassen. Die fertige Marmelade in saubere Gläser füllen, dabei die Schalen gleichmäßig verteilen und die Gläser sofort verschließen.

Sehr lange haltbar.

## Oxford-Sauce

Britischer Klassiker zu Roastbeef, Wildterrinen oder Currys.

*Für 1 Glas à 400 ml (10–12 Portionen)*

*1 Schalotte • 1 Orange • 1 Zitrone • ca. 2 cm Ingwer • 1 EL Zucker • 100 ml Portwein • 100 ml Rotwein • 100 g Johannisbeergelee • 70 g eingemachte Preiselbeeren • 2 TL Senfpulver • 1 TL Speisestärke*

Schalotte fein würfeln. Orange und Zitrone dünn schälen, Schalen in sehr feine Streifen schneiden, blanchieren und abtropfen lassen. Früchte auspressen. Ingwer schälen und fein reiben. Zucker in einem Topf hellbraun karamellisieren. Mit Portwein und Rotwein ablöschen, mit 150 ml Orangensaft und 4 EL Zitronensaft auffüllen. Schalotte dazugeben, aufkochen, offen auf 200 ml einkochen lassen. Johannisbeergelee und Preiselbeeren einrühren. Durch ein Sieb streichen und noch einmal aufkochen. Dabei Senfpulver und in wenig kaltem Wasser aufgelöste Speisestärke einrühren, um die Sauce leicht zu binden. Zum Schluss Ingwer und Schalenstreifen dazugeben, aufkochen, abkühlen lassen.

Hält kühl aufbewahrt bis zu 4 Wochen, sterilisiert bis zu 6 Monate.

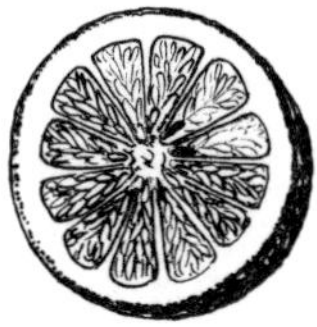

## *Cumberland-Sauce*

*Für 2 Einmachgläser à 150–200 ml*

*250 g rote Johannisbeeren • 100 g Gelierzucker • 1 Orange • 1 Zitrone • 1 TL Senfkörner • 3 Pfefferkörner • 1 kleine rote Zwiebel • 1 cm Ingwer • Salz • 1 TL Butter • 1 EL Worcestersauce • Piment d'Espelette*

Johannisbeeren waschen und Beeren mit einer Gabel von den Stielen streifen. Leicht zerdrücken und mit Gelierzucker mischen. Orange und Zitrone heiß abwaschen, Schalen fein abreiben und Früchte auspressen. Senf- und Pfefferkörner in einem Mörser zerstoßen. Zwiebel fein würfeln und in zerlassener Butter bei mittlerer Hitze glasig dünsten (dauert etwa 4–5 Min.). Orangen- und Zitronensaft dazugießen und Beeren einrühren. Mit den Senf- und Pfefferkörnern sowie Worcestersauce und Piment d' Espelette pikant abschmecken. Ca. 5 Min. sprudelnd kochen lassen, in saubere Gläser füllen und diese verschließen.

Hält bis zu 6 Monate.

## Tarte Tatin mit Schalotten, Orange und Thymian

Inspiriert vom traditionellen französischen Apfelkuchen mit Karamellschicht.

*Für 6–8 Portionen*

*120 g Weizenmehl plus etwas für die Arbeitsfläche • ½ TL Salz • 60 g kalte Butter • 30 ml Wasser • 12 Schalotten (oder kleine rote Zwiebeln) • 2–3 Zweige Thymian • 1 EL Olivenöl • 40 g Zucker • Saft und abgeriebene Schale einer Orange • 20 ml Portwein*

Mehl und Salz in einer Schüssel mischen. Butter in Würfeln dazugeben und Zutaten zwischen den Händen krümelig reiben. Wasser zugeben und rasch zu einem feuchten Teig verkneten. Zu einer Kugel formen und in Frischhaltefolie eingewickelt 30 Min. in den Kühlschrank legen.

Schalotten schälen und je nach Größe halbieren oder vierteln. Thymian abbrausen und trocken tupfen. Olivenöl in einer beschichteten, ofenfesten Pfanne (26 cm Ø) erhitzen und Schalotten darin dünsten. Wenn sie etwas Farbe angenommen haben, Zucker darüberstreuen und karamellisieren lassen. Orangensaft- und -abrieb mit dem Portwein mischen und die Schalotten damit ablöschen, Thymianzweige zufügen und 5 Min. köcheln lassen. Schalotten vom Herd nehmen und in der Pfanne auskühlen lassen. Backofen auf 180 °C vorheizen. Teig auf einer bemehlten Arbeitsfläche auf Pfannengröße ausrollen und vorsichtig auf die Schalotten legen. Teigrand rundherum in die Pfanne drücken. Die Tarte 40 Min. backen. Danach herausnehmen und sofort vorsichtig auf eine Kuchenplatte stürzen. Thymianzweige entfernen. Als Beilage servieren oder als Vorspeise mit einem grünen Salat.

## Rote-Bete-Linsen-Salat mit Feldsalat, Burrata und Blutorangen

Der beliebteste Gemüsesalat in unserer Familie, der alle Geschmacksnerven verwöhnt: erdig, nussig, weich und säuerlich-fruchtig.

*Für 4 Portionen*

*4 Rote Beten (ca. 400 g) • 3 Zweige Thymian • Salz • Pfeffer • 3 EL Honig • 7 EL Olivenöl • 3 Blutorangen • 200 ml Gemüsebrühe • 200 g Beluga- oder Le-Puy-Linsen • 1 Möhre • 1 Stange Staudensellerie • 1 dünner Lauch • 2 Schalotten • 1½ TL Dijonsenf • 3 EL weißer Aceto Balsamico • 1 Handvoll Feldsalat • 150 g Burrata oder Büffelmozzarella*

Backofen auf 180 °C vorheizen. Roten Beten schälen und jeweils in 6 Spalten schneiden. (Tragen Sie dabei Einweghandschuhe, die Beten färben ab!) Thymianzweige und Rote Beten in eine Auflaufform legen. Salzen, pfeffern und mit je 1 EL Honig und Olivenöl beträufeln. Saft einer Blutorange und Gemüsebrühe angießen. Mit Alufolie abdecken und 3–4 Löcher in die Folie stechen. Im Ofen 40–50 Min. garen, bis die Rote-Bete-Spalten weich sind.

Linsen in Wasser 5 Min. garen und abgießen. Geschälte Möhre und Selleriestange in kleine Würfel schneiden. Lauch längs halbieren und in schmale Streifen schneiden. Schalotten fein würfeln. Schalotten in 2 EL Olivenöl andünsten. Möhre, Sellerie und Lauch kurz mitdünsten. Linsen und 500 ml Wasser hinzufügen und alles zugedeckt bei mittlerer Hitze bissfest garen (dauert ca. 20 Min.). In ein Sieb abgießen und abtropfen lassen. Salzen und pfeffern.

Zwei Blutorangen schälen und filetieren. Dabei Saft auffangen und diesen mit 2 EL Honig, Senf, Aceto Balsamico, 4 EL Olivenöl und 6 EL Rote-Bete-Sud verrühren. Salzen und pfeffern. Linsengemüse mit dem Dressing mischen und auf einer Platte zusammen mit den Rote-Bete-Spalten, Orangenfilets, Burrata und Feldsalat anrichten.

## Rotkohl-Chicorée-Salat mit Orange und Ingwerdressing

Rotkohl enthält wie Orangen ziemlich viel Vitamin C. Da dieses beim Garen zum Teil zerstört wird, sollte man den würzigen Kohl möglichst oft als Rohkost zubereiten.

*Für 4 Portionen*

*600 g Rotkohl • Salz • 2 Orangen • 300 g Chicorée • 5 g frischer Ingwer • 2 EL Zitronensaft • 2 TL Ahornsirup • schwarzer Pfeffer aus der Mühle • 4 EL Öl*

Rotkohl vierteln und ohne Strunk in möglichst feine Streifen schneiden oder hobeln. In einer Schüssel die Streifen mit 1 TL Salz mischen und mit den Händen kräftig durchkneten, bis der Kohl deutlich weicher ist und glasig aussieht. Rotkohl etwa 30 Min. ziehen lassen. In der Zwischenzeit die Schale der Orangen ohne weiße Haut abschneiden. Orangen zuerst in Scheiben, dann in Würfel schneiden, dabei Kerne entfernen und auslaufenden Saft auffangen. Chicorée putzen und Blätter in feine Streifen schneiden. Ingwer schälen und sehr fein hacken. Für das Dressing Zitronensaft mit dem aufgefangenen Orangensaft, Ahornsirup sowie Salz und Pfeffer verrühren, dann das Öl unterschlagen. Zuletzt den Ingwer beifügen. Orangen mit Chicorée und Dressing zum Kohl geben und alles gründlich mischen. Wenn nötig nachwürzen.

## *Gemüse in Orangenöl*

Diese Gemüsevariation ist inspiriert von Sternekoch Tim Raue, der dazu Hackbraten serviert. Eine wirklich köstliche Kombination.

*Für 4 Portionen*

*60 g Butter • 500 g geschälte Möhren in dünnen Scheiben • 75 ml Orangenöl (siehe Rezept S. 32) • Piment d'Espelette • brauner Zucker • Salz • 25 ml Rapsöl • 60 ml Gemüsefond • 400 g junge Erbsen • etwas Zitronenabrieb • 1 Spitzer grüner Tabasco*

In einem Topf Butter zerlassen und für das Möhrenpüree 300 g Möhren, 50 ml Orangenöl, 1 Messerspitze Piment d'Espelette, je 1 Msp. Zucker und Salz zugeben. So lange köcheln lassen, bis das Gemüse weich ist. Pürieren, eventuell nachwürzen und warm halten. 200 g Möhren in je 25 ml Orangen- und Rapsöl anschwitzen, mit Gemüsefond ablöschen, zuckern, salzen und 10 Min. köcheln lassen. Erbsen dazugeben, einige Min. mitköcheln lassen und mit Zitronenabrieb, Tabasco und etwas Salz abschmecken. Zusammen mit dem Möhren-Püree servieren.

## *Orangen-Chicorée-Risotto*

Ein herzhaft fruchtiges Risotto, das schnell gemacht ist.

*Für 4 Portionen*

*300 g Chicorée • 3 Orangen • 2 Schalotten • 3 Zweige Thymian • 100 g Parmesan • 200 g Risottoreis • 2 EL Olivenöl • 500 ml heiße Gemüsebrühe • 1 EL Butter • Salz • Piment d'Espelette*

Chicorée putzen und in ca. 1 cm breite Streifen schneiden. 1 Orange schälen, filetieren und die Filets halbieren. Übrige Orangen auspressen. Schalotten schälen und fein würfeln. Thymian waschen, trocken schütteln und Blättchen abzupfen. Parmesan fein reiben. Olivenöl in einem Topf erhitzen, Schalotten kurz glasig dünsten, Reis dazugeben und unter Rühren ebenfalls mitdünsten. Mit Orangensaft ablöschen und reduzieren lassen. 1–2 Schöpfkellen Gemüsebrühe angießen und unter Rühren einkochen lassen. Vorgang wiederholen. Nach etwa 10 Min. Chicorée-Streifen und Thymianblättchen unterrühren. Restliche Brühe portionsweise zugeben und Reis unter ständigem Rühren in weiteren 5–10 Min. bissfest garen. Butter, Parmesan und Orangenfilets unterheben und Risotto mit Salz und Piment d'Espelette würzen. Es sollte schön cremig sein. Sofort servieren.

## APPETIT AUF FLEISCH

### *Sauce Bigarade*

*Bitterorangensauce*

»Bigarade« ist die französische Bezeichnung für die Sevilla-Orange, Bitterorange oder Pomeranze. Die Sauce Bigarade ist eine der wenigen klassischen französischen Saucen, die süß und sauer ist, da sie auf einem Gastrique (karamellisierter Zucker, gemischt mit Weinessig) basiert. Am bekanntesten ist ihre Verwendung mit Ente oder Forelle.

*2 Bitterorangen • 1 EL Rohrzucker • 1 EL Sherryessig • Saft von 2 Orangen • 1 TL Stärkemehl • 200 ml Kalbsfond • Salz • Pfeffer*

Bitterorangen waschen, dünn (möglichst ohne Weiß) schälen und filetieren. Schale in sehr feine Streifen schneiden. 2 Min. blanchieren, abkühlen und abtropfen lassen. Zucker und Essig in einen Topf geben und leicht köcheln, bis ein leicht brauner Karamell entsteht. Mit Orangensaft löschen und auf die Hälfte einkochen.

Stärke in etwas kaltem Wasser auflösen, hinzufügen, mit Kalbsfond angießen und 5 Min. rührend weiterköcheln lassen. Vom Feuer nehmen, Schale und Orangenstücke zufügen. Mit Salz und Pfeffer abschmecken.

## Ente à l'Orange

Der Klassiker aus Frankreich – eine knusprige Ente mit Orangensauce – stammt ursprünglich aus der arabischen Küche. »Papero al Melarancio« war schon im 15. Jahrhundert eine Spezialität in Florenz, bevor das Rezept mit Maria de Medicis Heirat 1533 am französischen Hof Einzug hielt.

*Für 4 Portionen*

*1 Bauernente (etwa 2,7 kg) • Salz • Pfeffer • frisch geriebene Muskatnuss • ¼ l trockener Weißwein • 2 Orangen • 4 EL Orangenlikör • ⅛ l heller Portwein • 2 EL Zitronensaft • 1 EL Zucker*

Backofen auf 150 °C vorheizen. Ente innen und außen mit Salz, Pfeffer und Muskat einreiben, mit der Brust nach unten in eine Fettpfanne legen. ¼ l heißes Wasser angießen, Ente im Ofen auf unterer Schiene 30 Min. braten. Wenden, Weißwein angießen und 2 ½ Std. braten. Häufig mit dem Bratfond begießen. Ente herausnehmen, Backofengrill einschalten. Inzwischen von einer Orange die Hälfte der Schale dünn (möglichst ohne Weiß) abschneiden und in Streifen schneiden. Beide Orangen filetieren und Saft auffangen. Ente in 12 Stücke teilen und mit der Haut nach oben auf den Rost legen. Unter dem heißen Grill knusprig werden lassen.

Inzwischen Sauce entfetten und in einen Topf gießen. Orangenlikör, Portwein, Orangensaft, Zitronensaft und Zucker zugeben und aufkochen lassen. Orangenfilets einlegen und erwärmen. Sauce mit Salz und Pfeffer abschmecken und zur Ente servieren.

## *Schweinefilet an Orangenbutter*

Die Orangenbutter ist so intensiv, dass wenig davon genügt. Die cremig-säuerlich-fruchtige Sauce passt hervorragend zum Filet.

*Für 4 Portionen*

*8 gut 3 cm dicke Schweinefilet-Medaillons • Salz • schwarzer Pfeffer • 1 EL Butterschmalz • 50 ml Noilly Prat • 80 g weiche Butter • 1 Orange • 1 Bund glatte Petersilie • 1 TL scharfer Senf • 1 Prise Currypulver • 50 ml Sahne*

Ofen auf 80 °C vorheizen und eine Platte darin anwärmen. Medaillons salzen und pfeffern. Butterschmalz in einer Pfanne stark erhitzen und Medaillons darin auf der ersten Seite 1 Minute, auf der zweiten Seite nur noch gut 30 Sekunden kräftig anbraten. Sofort auf die vorgewärmte Platte geben und im Ofen etwa 45 Min. nachgaren. Bratensatz mit Noilly Prat auflösen. Durch ein feines Sieb in eine kleine Pfanne gießen und beiseitestellen. Butter in eine kleine Schüssel geben und so lange rühren, bis sich kleine Spitzchen bilden. Schale der Orange fein abreiben und mit 2–3 Esslöffel Orangensaft (von einer halben Orange) unterrühren. Petersilie fein hacken, mit Senf, Currypulver, Salz und Pfeffer zur Butter geben und gut mischen. Die andere Orangenhälfte in dünne Scheiben schneiden und vierteln. Kurz vor dem Servieren die Ofentemperatur auf 230 °C erhöhen und Medaillons 5 Min. Temperatur annehmen lassen. Gleichzeitig den Bratenjus aufkochen, Sahne und Orangenbutter einrühren. Sauce mit dem Stabmixer kurz aufschäumen. Mit Salz und Pfeffer abschmecken, über die Medaillons geben und mit Orangenscheiben garnieren.

## *Sabayon de Lapin à l'Orange*
### *Kaninchen-Sabayon*

Das Rezept stammt von Frankreichs Sternekoch Michel Troisgros, der empfiehlt, das Gericht mit dem Löffel zu essen, um so alle aromatischen Nuancen entdecken zu können. Und er hat wirklich recht! Es erwartet Sie ein sensorisches Geschmackserlebnis par excellence.

*Für 4 Portionen*
*8 Kaninchenkeulen • 2 ungeschälte Knoblauchzehen • 20 g Butter • 5 Tomaten • 4 gehackte Schalotten • 1 gehackte Länge Stangensellerie • Saft von 2 Orangen • 100 ml leicht aufgeschlagene Sahne • Salz • Pfeffer • 1 filetierte Orange • 1 Zweig gehacktes Basilikum • 30 g geriebener Parmesan*
*Für das Sabayon: 3 Eigelb • 6 EL Wasser • Salz • Pfeffer*

In einem Bräter Kaninchenkeulen und Knoblauchzehen in Butter anbraten. Geviertelte Tomaten, Schalotten und Sellerie zufügen. Mit Orangensaft ablöschen und soviel Wasser zufügen, dass alle Teile bedeckt sind. Abdecken und 1 Std. 30 Min. sanft schmoren. Wenn zu wenig Flüssigkeit im Topf ist, noch Wasser zufügen. Kaninchenkeulen herausnehmen und Fleisch vom Knochen lösen. In mundgerechte Stücke zupfen, beiseitestellen und warm halten. Schmorsud samt Gemüse passieren und bei hoher Hitze reduzieren. Sahne zufügen und einmal aufkochen lassen. Mit Salz und Pfeffer abschmecken und warm halten. Backofen auf Grillfunktion vorheizen.

Für das Sabayon Eigelbe mit Wasser über einem Wasserbad (der Topfboden darf das leicht kochende Wasser nicht berühren) 4–5 Min. schaumig schlagen. Vom Wasserbad nehmen, mit Salz und Pfeffer abschmecken, abdecken und beiseitestellen.

4–5 EL des Sabayons in eine nicht zu tiefe gebutterte Auflaufform geben, die heißen Fleischstücke und die Orangenfilets sowie das Basilikum gleichmäßig darauf verteilen. Restliches Sabayon darübergießen und mit Parmesan bestreuen. Im Backofen unter dem Grill gratinieren, bis es etwas Farbe angenommen hat.

## Provençalische Daube

Bei dieser Art Ragout, das stundenlang geschmort wird, saugt sich das Rindfleisch mit den fruchtigen Aromen der Provence voll. Traditionell wird zur Daube Panisse gereicht, ein Fladenbrot aus Kichererbsenmehl.

*Für 6 Portionen*

*1,5 kg Rindfleisch aus der Schulter • 1 Gemüsezwiebel • 1 Bund Suppengrün • 1 Orange • 7 EL Pflanzenöl • Salz • 1 Flasche trockener Rotwein • 500 ml Rinderfond • 1 Knoblauchzehe • 1 Bouquet garni (Thymian, Petersilie, Lorbeer) • 3 getrocknete Tomaten • schwarzer Pfeffer • 1 EL Orangenmarmelade (siehe Rezept S. 35) • 2 TL Speisestärke*

Fleisch parieren und in 2 cm große Würfel schneiden. Zwiebel schälen und würfeln. Suppengrün putzen und würfeln. Orange waschen, abtrocknen und 2 dünne Schalenstreifen abschälen. Orange halbieren und auspressen. 4 EL Öl in einem schweren Schmortopf erhitzen, Fleisch darin portionsweise kräftig anbraten, mit Salz würzen und herausnehmen. Restliches Öl in den Topf geben, Zwiebeln und Suppengrün darin hellbraun anbraten. Topf vom Herd nehmen. 700 ml Wein, Rinderfond, Orangensaft und -schale, geschälte Knoblauchzehe, Bouquet garni und getrocknete Tomaten zugeben. Fleisch zurück in den Topf geben. Abdecken, kühl stellen und über Nacht marinieren.

Am nächsten Tag den Backofen auf 160 °C vorheizen. Schmortopf auf die unterste Schiene stellen. Daube im Backofen ca. 4 Std. schmoren (Deckel nicht ganz auflegen, damit etwas Flüssigkeit verdampfen kann). Wenn das Fleisch schön zart ist, aber noch nicht zerfällt, Daube aus dem Backofen nehmen. Fleisch herausnehmen, Flüssigkeit durch ein Sieb gießen und auffangen. Gemüse nicht durchdrücken, sondern nur gut abtropfen lassen. Schmorfond auf 500 ml einkochen lassen, mit Salz und Pfeffer würzen, mit Marmelade und restlichem Rotwein abschmecken. Stärke mit wenig kaltem Wasser glatt rühren und die kochende Sauce damit leicht binden. Fleisch wieder dazugeben und darin sanft erhitzen.

## *Orangenlamm*

Ein unkompliziertes und herrlich vorzubereitendes Gericht, bei dem die fruchtig-herben Aromen in Sauce und Gremolata mit dem zarten Lamm aufs Beste harmonieren.

*Für 4 Portionen*

*4 Lammstelzen (à 350 g) • Salz • Pfeffer • 5 EL Öl • 400 ml Fleischbrühe • 2 EL Bitterorangen-Marmelade (siehe Rezept S. 35) • 5 Stiele Thymian • 500 g Möhren • 4 mittelgroße Zwiebeln • 5 Stiele Pfefferminze • 6 Stiele glatte Petersilie • 1 Knoblauchzehe • ½ Orange*

Ofen auf 180 °C vorheizen. Lammstelzen trocken tupfen, rundherum salzen und pfeffern. 3 EL Öl in einem Bräter erhitzen, Stelzen darin rundherum goldbraun anbraten. Brühe zugeben und aufkochen lassen. Orangenmarmelade einrühren, Thymianstiele zugeben. Im Ofen auf der zweiten Schiene von unten 1 Std. 30 Min. schmoren. Möhren putzen, schälen und schräg in 1 cm dicke Scheiben schneiden. Zwiebeln schälen, längs vierteln, so, dass sie am Wurzelansatz noch zusammenhalten. 2 EL Öl in einer Pfanne erhitzen, Möhren und Zwiebeln darin anbraten. Zu den Stelzen geben und weitere 30 Min. schmoren. Pfefferminze und Petersilie abzupfen und hacken. Knoblauch fein hacken und mit den Kräutern mischen. Orangenhälfte (ohne Weiß) dünn abschälen. Schale in kurze, feine Streifen schneiden und mit den Knoblauchkräutern mischen. Zu den Lammstelzen servieren.

## FISCHGERICHTE

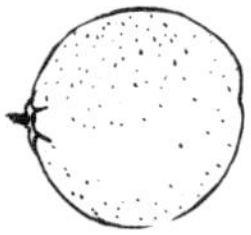

### *Kabeljau à l'Orange*

Dieses Gericht können Sie auch mit anderen festfleischigen Fischfilets zubereiten.

*Für 4 Portionen*

*2 Orangen • 400 g reife Flaschentomaten • 2 Schalotten • 1 Knoblauchzehe • 5 EL Olivenöl plus etwas für die Form • 2 EL Zitronensaft • 700 g Kabeljaufilets • 2 TL Kapern • Salz • Pfeffer • 2 EL grob zerzupfte Basilikumblätter*

Ofen auf 200 °C vorheizen. Von einer halben Orange die Schale abreiben. Alle Orangen schälen, weiße Haut komplett entfernen und das Fruchtfleisch in dünne Scheiben schneiden. Tomaten häuten und grob würfeln. Schalotten fein würfeln, mit durchgepresstem Knoblauch, Orangenschale, Olivenöl und Zitronensaft mischen. Kabeljau in 8 Stücke schneiden. Zusammen mit den Tomaten, Kapern und Orangenscheiben in eine große feuerfeste, geölte Form geben. Salzen und pfeffern und mit der Olivenöl-Mischung beträufeln. Im vorgeheizten Ofen 13–15 Min. backen. Mit Basilikum bestreut servieren.

## *Thymian-Forelle auf Orangen-Sellerie-Gemüse*

Wenn Sie zum Fisch einmal keine Kartoffeln als Beilage mögen, dann probieren Sie zur Abwechslung dieses fruchtige Gemüse dazu.

*Für 4 Portionen*

*1 Staudensellerie • 2 Orangen • 4 kleine küchenfertige Forellen • Salz • Pfeffer • 4 EL Mehl • 1 Bund Zitronenthymian • 8 EL Rapsöl • 125 ml Gemüsebrühe*

Staudensellerie putzen, waschen und in große, längliche Stücke schneiden. Orangen schälen, so dass auch die weiße Haut entfernt wird, und in Scheiben schneiden. Forellen waschen, trocken tupfen, innen und außen salzen, pfeffern, in Mehl wälzen und leicht abklopfen. Blättchen vom Zitronenthymian abzupfen. 6 EL Rapsöl zusammen mit dem Zitronenthymian in einer beschichteten Pfanne erhitzen, die Forellen in das heiße Rapsöl geben und vorsichtig von beiden Seiten in insgesamt ca. 12 Min. knusprig goldbraun braten.

Restliches Rapsöl erhitzen, Sellerie darin anbraten, mit Salz und Pfeffer würzen. Orangenscheiben kurz mitbraten, dann mit der Brühe ablöschen, Gemüse in ca. 5 Min. bissfest dünsten und auf großen, vorgewärmten Tellern verteilen. Gebratene Forellen darauf anrichten und mit Bratöl beträufeln.

## Rahmlinsen mit Orange und gebratenem Zander

Nussig-fruchtig-cremige Linsen schmecken großartig zu kross gebratenem Fisch.

*Für 4 Portionen*

*200 g Lauch • 50 g Knollensellerie • 100 g Möhren • 1 Knoblauchzehe • 4 Orangen • 200 g Puy-Linsen • 50 g Butter • 400 ml Kalbsfond • 5 EL Marsala • 5 EL Aceto Balsamico • 1 TL getrockneter Estragon • 200 ml Schlagsahne • Salz • Pfeffer • 3 EL Öl • 4 Zanderfilets à 150 g*

Nur das Weiße des Lauches, geschälte Sellerie und Möhren fein würfeln. Knoblauch schälen und durch eine Presse drücken. 2 Orangen filetieren und Saft dabei auffangen. Restliche Orangen auspressen, 250 ml Saft abmessen. Linsen in einem Sieb unter kaltem Wasser abspülen und abtropfen lassen. Lauch, Sellerie und Möhren in Butter bei mittlerer Hitze 3–4 Min. unter Rühren anschwitzen. Linsen und Knoblauch dazugeben, kurz andünsten. Orangensaft und Fond dazugießen, 45 Min. bei leicht geöffnetem Deckel garen. Marsala und Balsamico bei mittlerer Hitze sirupartig einkochen. Zur Seite stellen. 10 Min. vor Ende der Garzeit Orangenfilets, Estragon und Sahne zu den Linsen geben, unterrühren und offen zu Ende garen. Mit Salz und Pfeffer würzen. Öl in einer beschichteten Pfanne erhitzen. Zanderfilets auf der Hautseite mehrfach einritzen, rundum mit Salz würzen. Mit der Hautseite zuerst 7 Min. bei starker Hitze braten, auf der anderen Seite 2 Min. braten. Linsen auf vier Teller verteilen, Fisch mit der Haut nach oben daraufsetzen. Essigsirup kurz erwärmen und um die Linsen träufeln.

## *Orangenkuchen*

Der Lieblingskuchen unserer Familie, schön weich und fruchtig mit einer krossen Oberfläche.

*Für 10–12 Portionen*

*6 Orangen • 400 ml Schlagsahne • 300 g Zucker • 1 gestrichener TL Fleur de Sel • 4 Eier • 250 g Mehl • 1 Pck. Backpulver • 80 g Butter • 20 g Mandelblättchen*

Ofen auf 180 °C vorheizen. 3 TL Orangenschale fein abreiben. Orangen filetieren. 300 ml Schlagsahne steif schlagen. 200 g Zucker, Orangenschale und Salz zugeben. Eier unterrühren. Mehl und Backpulver mischen und kurz unterrühren. Teig auf ein mit Backpapier ausgelegtes Backblech streichen. Orangenfilets darauf verteilen und im vorgeheizten Ofen auf der mittleren Schiene ca. 20 Min. backen. Inzwischen Butter in einem Topf zerlassen. Mandelblättchen, 100 g Zucker und 100 ml Sahne zugeben und unter Rühren aufkochen, bis sich der Zucker gelöst hat, dann beiseitestellen. Mandelmasse auf den vorgebackenen Boden streichen und weitere 12–15 Min. backen.

## Orangentörtchen

Wie in Portugal und Spanien, wird bei diesem herbsüßen Biskuitteig die ganze Orange verwendet.

*Für 24 Stück*

*2 Orangen • 6 Eier • 250 g feiner Zucker • 250 g gemahlene Mandeln • 1 TL Backpulver • 150 g griechischer Sahnejoghurt • 1 Granatapfel*

Backofen auf 190 °C vorheizen. Die ganzen Orangen im Schnellkochtopf 15 Min. weich kochen. Vollständig abkühlen lassen, halbieren und Kerne entfernen. Im Mixer glatt pürieren. Orangenmus mit Eiern, Zucker, Mandeln und Backpulver gut verrühren. Teig auf ein mit Backpapier ausgelegtes Backblech verteilen und 40 Min. backen, bis er sich fest anfühlt und goldbraun ist. Granatapfel schälen und entkernen. Kuchen in gleichmäßige Quadrate schneiden und auf jedes Stück ½ TL Joghurt setzen. Mit Granatapfelkernen garnieren.

## Orangenmuffins

Die Muffins kann man gleich pur verzehren oder mit Butter und Marmelade bestreichen oder wie kleine Sandwiches belegen. Herrlich schmecken sie mit Frischkäse, Roastbeef oder geräucherter Pute und einer selbstgemachten Cumberland-Sauce (siehe S. 37). Wenn Sie die herzhafte Variante mögen, peppen Sie den Teig mit ein wenig klein gehackten Rosmarinnadeln noch etwas auf.

*Für 24 Mini-Muffins*

*1 Orange • 175 g Mehl • 1 TL Backpulver • 1 TL Natron • ¼ TL Salz • 6 EL Zucker • 1 Ei • 125 ml Milch • 3 EL zerlassene Butter und mehr für die Förmchen*

Backofen auf 200 °C vorheizen. Orangenschale abreiben, Saft auspressen. Mit allen Zutaten verrühren. Teig in gut gefettete Mini-Muffinformen verteilen. In 12 Min. goldbraun und fest backen. Aus den Formen nehmen und auf dem Gitter abkühlen lassen.

## Großtante Eleonores Orangencreme

Ein heiß geliebtes, kalt serviertes Rezept aus Kindertagen, das es zu besonderen Anlässen gab.

*Für 4 Portionen*

*2 saftige Orangen • 1 Zitrone • 6 Blatt weiße Gelatine • 3 Eigelbe • 100 g Zucker • 300 g Joghurt • 200 g Sahne • weiße Schokolade und abgeriebene Orangenschale zum Garnieren*

Orangen und Zitrone heiß abwaschen, Schale fein abreiben und Früchte auspressen. Gelatine einweichen. Eigelbe mit Zucker in eine Schüssel geben und schaumig rühren. Ins Wasserbad setzen, abgeriebene Schale und Saft von Orangen und Zitrone dazugeben und so lange weiterrühren, bis die Masse schaumig, leicht und luftig ist. Gelatineblätter leicht ausdrücken, nacheinander in die Creme rühren und auflösen. Kurz abkühlen lassen, dann Joghurt untermischen. Steif geschlagene Sahne locker unterziehen und gut 60 Min. kalt stellen. Mit geraspelter weißer Schokolade und abgeriebener Orangenschale garniert servieren.

## *Orangentrüffel*

Unwiderstehlich zart und cremig, zum Kaffee, ein wunderbarer Abschluss eines Essens. Die Orangentrüffel sind kühl und in einer gut verschlossenen Dose gelagert 10–12 Tage haltbar.

*Für ca. 70 Stück*

*2 Orangen • 150 ml Sahne • 75 g Honig • 400 g Milchschokolade • 100 g dunkle Schokolade • 200 g weiche Butter • 500 g helle Kuvertüre • Kakaopulver zum Wälzen*

Von einer Orange die Schale fein abreiben, beide Orangen auspressen und 100 ml Saft abmessen. Saft und Schale mit Sahne und Honig aufkochen und vom Feuer ziehen. Beide Schokoladesorten zerbröckeln. In die heiße Orangensahne geben und langsam schmelzen lassen, dabei von Zeit zu Zeit umrühren. Ist die Schokolade vollständig geschmolzen und die Masse glatt, die weiche Butter unterrühren. Masse mit Klarsichtfolie abdecken und so lange ruhen lassen, bis sie kalt ist. Schokolademasse in einen Spritzbeutel füllen und nussgroße Portionen auf Backpapier spritzen. Im Kühlschrank fest werden lassen. Mit den Händen möglichst rund formen. Kuvertüre schmelzen und abkühlen lassen, dann die Schokokugeln mit etwas Kuvertüre in den Händen drehen, bis sie damit überzogen sind. Auf ein Backpapier geben und die Kuvertüre fest werden lassen. Zum Schluss in Kakaopulver wälzen.

## *Kandierte Blutorangen-Scheiben mit Schokolade und Fleur de Sel*

Eine köstliche Knabberei, die gut zum Espresso passt. Die Zubereitungszeit dauert 2 Tage.

*2–3 Blutorangen • 250 g Rohrzucker • 200 ml Wasser • 250 g Schokolade (70%) • Fleur de Sel*

Blutorangen waschen und in feine Scheiben schneiden. Zucker und Wasser in einem Topf aufkochen und dabei rühren, bis sich der Zucker aufgelöst hat. Nach ca. 5 Min. Hitze drosseln und Blutorangenscheiben in den Zuckersirup legen. So lange simmern lassen, bis die Schalen durchsichtig werden (dauert 20–30 Min.). Topf vom Herd nehmen und mindestens 2 Stunden auskühlen lassen. Die einzelnen Scheiben mit der Zange vorsichtig herausnehmen und sehr gut abtropfen lassen. Auf ein Backpapier legen. Blutorangenscheiben 24 Stunden trocknen. Gegebenenfalls einmal wenden. Schokolade im Wasserbad schmelzen und umrühren, bis sie flüssig ist. Die einzelnen kandierten Scheiben bis zur Hälfte eintauchen. Auf Backpapier legen und etwas Fleur de Sel auf die noch nicht durchgetrocknete Schokolade streuen.

## *Heißer Bischof*

König Friedrich II. von Preußen verschenkte gerne Bitterorangen an Altgediente und enge Freunde. Sie sollten sich daraus einen Bischof bereiten, so sein Ratschlag, um ihre angeschlagene Gesundheit wiederzuerlangen. Es ist ein sehr einfach herzustellendes Getränk und schmeckt wunderbar bitter-fruchtig – besser als so mancher Glühwein!

*Für ca. 750 ml*

*2 Orangen • 2 Bitterorangen • 1 Flasche guter Rotwein • 100 g Zucker • 3–4 Gewürznelken • 1 Zimtstange • Abrieb von einer Zitrone • Zucker*

Backofen auf 220 °C vorheizen. Schalen aller Orangen einschneiden und die Früchte in einer ofenfesten Form im Ofen 20 Min. ordentlich bräunen. Rotwein, Zucker, Gewürze und Zitronenschalenabrieb erhitzen, aber nicht ganz zum Kochen bringen. Gebratene Früchte mit der heißen Flüssigkeit übergießen, 24 Stunden ziehen lassen. Marinierte Früchte etwas auspressen und den Saft mit der Flüssigkeit mischen. Früchte entsorgen. Punsch erneut erhitzen, eventuell mit Zucker abschmecken und heiß servieren.

## *Vin d'Orange*

Er ist der erste Aperitif Frankreichs, noch vor dem Pastis erfunden, doch heute nur noch selten in der Provence zu finden. Dank der Bitterstoffe in der Pomeranze ist das Getränk nicht nur besonders fruchtig und wohlschmeckend. Zur Vorbereitung auf ein Essen regen die Bitterstoffe den Appetit und die Verdauung an. Bereiten Sie sich einen Vorrat von diesem köstlichen Orangenwein zwischen Dezember und Februar zu, denn nur in dieser Zeit bekommen Sie die Bitterorangen frisch. Diese Variante folgt dem Rezept der französischen Schriftstellerin Colette, die den Aperitif sehr schätzte.

*Für 4 Flaschen à 750 ml*

*3 Bitterorangen • 1 Orange • 1 Zitrone • 250 g Zucker • 2,5 l Roséwein • 500 ml Wodka • 1 angeritzte Vanilleschote*

Gewaschene Zitrusfrüchte in Scheiben schneiden und in einem großen Gefäß mit allen weiteren Zutaten vermischen. Das Gefäß gut verschließen und kühl stellen. Drei Monate ziehen lassen. Durch ein sehr feines Sieb oder Mulltuch direkt in Flaschen filtern und diese verkorken. Gut gekühlt als Aperitif oder Dessertwein servieren.

Hält 9–12 Monate.

## Orangen-Kumquat-Sirup

Im Nu zubereitet! Sie haben monatelang einen exotisch-fruchtigen Vorrat und können jederzeit Getränke und Süßspeisen aufpeppen.

*Für ca. 250 ml*

*50 g Kumquats • 3 Orangen • 1 Zitrone • 1 Zimtstange • 3 Gewürznelken • 100 g Zucker*

Kumquats heiß waschen und in dünne Scheiben schneiden. Orangen auspressen und 200 ml Saft abmessen. Zitrone ebenfalls auspressen und 50 ml Saft abmessen. Kumquatscheiben und Fruchtsäfte mit Zimtstange, Gewürznelken und Zucker in einen Topf geben und einmal aufkochen. Dann offen bei mittlerer Hitze in ca. 10 Min. sirupartig einkochen lassen. Von der Kochstelle nehmen, abkühlen lassen. Sirup durch ein feines Sieb in eine kleine verschließbare Flasche füllen.

Hält im Kühlschrank ca. 6 Monate.

## QUELLEN

Apicius Caelius, Altrömische Kochkunst in zehn Bänden, Leipzig 1911

Michel Courboulex, Les Agrumes, Paris 1997

Die Frucht der Verheißung, Zitrusfrüchte in Kunst und Kultur, Ausstellungskatalog, Germanisches Nationalmuseum, Nürnberg 2011

Clarissa Hyman, Oranges, A Global History, London 2013

John McPhee, Oranges, New York 1967

Anne Sophie Pic & Le Conservatoire des Agrumes de San Giuliano en Corse, Agrumes, Paris 2017

Samuel Tolkowsky, Hesperides, A History of the Culture and Use of Citrus Fruits, London 1938

## DANIELA GRÄFIN VON PFEIL

wuchs mit Orangen und vielen Geschichten dazu auf. Die promovierte Kunsthistorikerin und Gastrosophin liebt gute Küche und kreiert mit Begeisterung neue Rezepte. In München fertigt sie mit ihrem Mann nach altem Familienrezept einen Aperitif aus Pomeranzen.

www.vindorange.de

## REZEPTVERZEICHNIS

mandelbaums *kleine gourmandisen*

Jeweils 60 Seiten | Euro 14,– | Gebunden

**ARTISCHOCKE**
**AVOCADO**
**BANANE**
**BASILIKUM**
**BIRNE**
**DATTEL**
**ERBSE**
**ERDNUSS**
**FEIGE**
**FENCHEL**
**GRANATAPFEL**
**GURKE**
**HASELNUSS**
**HEIDELBEERE**
**HOLUNDER**
**JOHANNISBEERE**
**KAKAO**
**KARFIOL BLUMENKOHL**
**KAROTTE MÖHRE**
**KICHERERBSE**
**MANDEL**
**MANGOLD**
**MARONE ESSKASTANIE**
**MELANZANE AUBERGINE**
**MOHN**
**MORCHEL**
**ORANGE**
**PASTINAK**
**PISTAZIE**
**QUITTE**
**RADICCHIO**
**RHABARBER**
**ROTE RÜBE ROTE BETE**
**SAFRAN**
**SALBEI**
**SELLERIE**
**SESAM**
**SPARGEL**
**STEINPILZ**
**TAFELTRAUBE**
**TOMATE**
**THYMIAN**
**VANILLE**
**WALNUSS**
**WEICHSEL SAUERKIRSCHE**
**ZIMT**
**ZITRONE**
**ZUCCHINI**
**ZWIEBEL**